어린이가 알아야 할
음식이야기

갈리아 타피에로 글
마르조리 베알 그림
밀루 옮김

개암나무

숨 쉬거나 자는 것처럼 먹는 건 필수!

우리는 각자의 문화, 종교, 도덕, 건강 또는 주머니 사정에 따라 먹는 것이 달라져요. 입맛에 따라서도요!
부엌이나 식탁에는 즐거움이 가득 피어나요. 옹기종기 모여 음식을 요리했던 경험과 비법을 공유하면서 새로운 맛을 발견하지요.
음식은 우리 모두를 하나로 이어 주고 더 가까워지게 만든답니다.
물론 여럿이 함께 먹거나 따로 먹어도 항상 즐겁지요.

구석기 시대, 먹는 건 곧 생존!

구석기 시대 사람들은 주로 사냥과 채집을 하며 먹고살았어요. 이곳저곳 떠돌아다니면서 생활했기 때문에 배가 불러도 먹을 수 있을 땐 무조건 먹었지요. 풀, 뿌리, 곤충, 열매, 꿀 같은 먹거리를 열심히 찾아다니다가 눈에 띄면 먹었어요. 가끔은 토끼나 새, 들소를 사냥해서 먹기도 했답니다. 그러다가 도구가 점점 발달하면서 사냥을 더 전문적으로 할 수 있게 되었어요.

불을 이용하여 음식을 익혀 먹다

불을 사용한 흔적이 발견된 건 자그마치 40만 년 전이에요. 고기나 음식물을 익혀 먹으면서 이런 저런 병들이 없어졌고 소화도 더 잘되고 영양가도 높아져서 신체나 뇌 기능이 발달하게 되었지요. 그 덕분에 인류가 이만큼 진화할 수 있었답니다. 구석기 시대 사람들에게 불은 온기와 빛을 주고 야생 동물의 위협으로부터 지켜 주기도 했어요.

농경과 정착 생활이 가져온 변화들

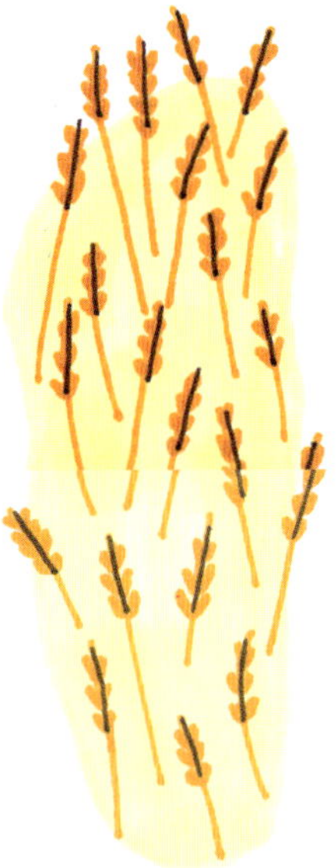

지금으로부터 대략 만 년 전, '비옥한 초승달 지대'라고도 부르는 메소포타미아 지역에 사람들이 하나 둘 정착해서 살기 시작했어요. 그들은 사냥과 채집을 하며 살다가 보리, 밀 같은 곡식을 기르는 법을 배웠고 염소, 양, 소 같은 동물들을 가축으로 키웠어요.

농사를 지을 수 있게 된 건 혁명에 가까웠지만 문제가 있었어요. 곡식에 당분이 많이 들어 있어서 치아에 충치가 생겼던 거예요. 이 사실은 후에 과학자들이 치아 화석을 발견하면서 밝혀냈답니다.

생활의 지혜, 발효

고대 이집트 사람들은 빵과 맥주를 즐겨 먹었어요.
맥주는 어떻게 만드냐고요? 보리와 전분을 섞어 반죽을 빚고 반죽틀에 넣어 둡니다. 그러고는 속은 익지 않고 겉만 노르스름해진 상태에서 반죽을 꺼내 단물에 넣고 발효시키면 맥주가 된답니다.
맥주는 즐겨 마시는 음료이기도 했지만, 화폐처럼 교환할 수 있는 매개체가 되기도 했어요.
당분이 산소가 없는 상태에서 미생물을 만나면 화학 반응이 일어나는데 이 과정을 '발효'라고 해요.
음식은 자연적으로 놔둬 발효시키기도 하고, 효모를 넣어 발효시키기도 했어요. 효모를 넣으면 반죽이 부풀어 오르면서 반죽 속이 부드럽고 폭신폭신하게 되지요.
발효시킨 음식은 오래 보존해서 먹을 수 있고 때로는 맥주나 와인 같은 술이 만들어지기도 한답니다.

음식은 어떻게 보관했을까?

냉장고가 생기기 이전에는 음식이 상하지 않도록 잘 보관하는 것이 중요했어요. 수천 년 전부터 사람들은 고기를 훈제하여(연기에 익혀) 보관하기도 했고, 북극 지방에서는 차가운 얼음에 담가 보관했답니다.

세계 곳곳에서는 음식을 발효시켜 먹기도 했는데요, 만주에서는 이미 3000년 전부터 김치를 만들어 먹었답니다. 소금물에 절인 배추를 항아리에 넣고 뚜껑을 닫은 후 땅에 묻어 두면 몇 주 후 맛있게 발효된 김치를 먹을 수 있지요. 만주의 긴 겨울을 나기 위한 생활의 지혜였답니다. 오늘날에는 고춧가루와 각종 양념, 젓갈을 추가로 넣어 김치를 더 맛있게 만들어 먹지요. 이렇게 김치는 우리에게 없어서는 안 될 음식이 되었답니다.

건강해지기 위해 먹다

여러 문화권의 학자와 의사들은 음식이 우리 건강에 어떤 영향을 주는지 많은 관심을 가졌어요.

인도 전통 의학인 '아유르베다'에서는 우리 몸과 음식의 관계를 아주 상세하게 밝혔지요.

기원전 5세기 그리스에서는 타란토 출신의 이코스˚라는 사람이 건강하려면 적게 먹고 운동을 많이 해야 한다고 주장했어요. 한편 의학의 아버지라고 불리는 히포크라테스는 식이 요법의 길을 열어 주었어요.

어떤 먹거리는 효과가 뛰어나 사람들이 예부터 자주 먹기도 했어요. 대표적인 예로 중앙아시아가 원산지인 마늘은 이집트 피라미드를 건축하던 노예들에게 활력을 북돋아 주는 음식으로 통했답니다. 또한 1858년 루이 파스퇴르 박사는 박테리아에 마늘 즙을 부어 균이 없어진 사실을 알아내 마늘이 항균 작용을 하는 음식이라는 걸 밝혀냈어요.

이코스(Ikkoç) 고대 그리스 시대의 운동선수. 운동 영양학의 선구자로 알려져 있음.

부의 상징이기도 한 음식

옛날 중국의 백성들은 후추나 마늘 혹은 생강을 풀어 넣은 죽을 먹고살았어요. 반면에 황실의 식탁은 호화찬란했답니다.

주나라(기원전 11세기부터 3세기)의 왕은 2,000명도 넘는 요리사를 불러서 소고기, 양고기, 생선, 개고기 혹은 토끼고기를 조리하게 했어요.

당시의 문서에 따르면 이때부터 이미 다섯 가지 맛(단맛, 신맛, 짠맛, 쓴맛, 매운맛)을 알아냈대요.

같은 시기 유럽에서는 향신료가 왕자들에게 인기가 아주 많았어요. 먼 곳에서 들여온 후추는 값을 높게 쳐 줘서 땅도 살 수 있었지요. 생강이나 오렌지 껍질은 매우 귀해서 아주 소량으로만 판매했답니다.

프랑스 왕실에서는 루이 14세가 계급이 높은 사람들만 참석할 수 있는 그랑 쿠베르라는 만찬을 열어 많은 신하들이 우러러 보기도 했지요.

그랑 쿠베르 베르사유 궁전 안 식당에서 먹는 만찬. 대개는 일어선 채로 진행됨.

국경을 넘나드는 음식들

많은 여행자들이 세계 각지를 돌아다니며 씨앗이나 동식물, 요리 방법을 가져왔어요. 그 덕분에 우리가 먼 나라의 음식도 먹을 수 있게 된 거예요. 중국에서 온 감귤이 그렇지요(중국 고위 관리들의 아름다운 옷 색깔을 따서 감귤을 '만다린'이라고 부르기도 합니다).

16세기 스페인 정복자들은 남아메리카에서 칠면조를 발견했는데 그 지역을 인도라고 착각했어요. 그래서 오늘날 유럽에서 칠면조를 '인도 닭'이라고 부른답니다. 실제로 칠면조가 발견된 곳은 인도가 아니라 멕시코였지요.

수천 년 전부터 페루 지역에서 생산되던 땅콩을 정복자들이 유럽이나 아프리카로 가져갔어요. 그렇게 유럽에서부터 미국, 그 밖의 나라로 널리 퍼지게 되었답니다.

오늘날 땅콩은 많은 요리에 쓰여요. 아프리카의 말리나 세네갈에서는 고기나 생선으로 만든 '마페'라는 스튜에 걸쭉한 땅콩 소스를 넣어 먹기도 하고, 인도네시아나 태국에서는 '사떼'라는 꼬치 요리에 땅콩 소스를 곁들여 먹어요. 미국에서 유명한 땅콩버터는 우리나라에서도 인기 있는 음식이지요.

만다린 옛날 서양에서 중국의 고위 관료를 일컫는 말로 관료라는 뜻과 감귤이라는 뜻이 있음.

달콤한 음식은 예나 지금이나 인기

동양에서는 오래전부터 잼과 과자를 만들어 먹었어요. 8세기 바그다드의 통치자들은 설탕물에 눈을 넣어 차갑게 해서 마셨는데 아랍어로 '마시다'라는 동사 '샤리바'를 따서 '샤바트'라고 불렀어요. 그러다가 '샤베트'라는 말이 생겨난 거예요. 그 시대에는 달콤한 눈을 음료처럼 마셨답니다!

르네상스 시대 때, 앤틸리스 제도와 브라질에서는 노예들이 사탕수수를 재배했어요. 유럽에서는 사탕수수가 약으로 쓰이기도 했거든요. 그때는 사탕수수가 아주 귀해서 부유한 사람들만 약국에서 구입할 수 있었답니다.

1812년이 되어서야 프랑스인 벵자맹 들레세르가 사탕무로 설탕을 만드는 법을 개발하였고 자연스럽게 설탕의 가격이 뚝 떨어져 대량으로 구매할 수 있게 되었어요.

19세기 초 프랑스 연간 1인당 설탕 소비량은 800그램이었어요. 그런데 오늘날에는 40배가 훌쩍 넘는 양인 35킬로그램에 달해요. 우리나라는 23킬로그램으로 세계 평균 22.1킬로그램보다 많아요.

앤틸리스 제도 카리브해의 서인도 제도의 섬 중 루케이언 제도를 제외한 섬.

종교와 음식

종교마다 각기 다른 규율이 있는데, 지킬지 말지는 각자의 자유예요. 하지만 대부분은 종교에서 널리 통하는 공통된 규율에 따른답니다. 예를 들면 종교에 따라 먹어서는 안 되는 음식이 있고, 먹어도 괜찮은 음식이 있지요. 켈트족의 신관들은 토끼와 닭을 신성한 동물로 여겨 먹는 것을 금지했어요. 일본에서는 불교의 영향으로 1868년까지 육식이 금지되어 있었어요. 가톨릭교에서는 금요일에 생선을 먹도록 권유하고, 유대교와 이슬람교에서는 돼지고기를 못 먹게 하고 있어요. 힌두교에서는 소를 신성시 여기기 때문에 소고기를 먹지 않는답니다.
이처럼 종교가 다르면 먹는 음식도 달라지지요.

신관 신을 받들어 모시는 관직에 있는 사람.

먹는 것도 제각각

마드리드에서는 밤 아홉 시나 열 시에 저녁을 먹고, 스톡홀름이나 워싱턴에서는 오후 여섯 시쯤 저녁을 먹어요. 저녁을 잘 차려서 먹기도 하고 간단하게 대충 때우기도 해요. 그 지역의 기후나 해가 떠 있는 시간이 얼마나 되느냐에 따라 저녁을 언제, 어떻게 먹을지 달라지기도 하지요.

음식을 먹을 때는 식탁 중앙에 음식을 놓고 집어 먹거나 각자 접시에 덜어 손가락, 숟가락, 포크, 젓가락 등으로 먹어요. 또는 식탁에 둘러앉거나 바닥에 매트를 깔고 먹기도 하지요. 학교나 식당, 직장, 길거리 어디서든 각자에 맞는 방식으로 음식을 먹지요.

가장 긴 시간 동안 식사를 하는 나라는 프랑스예요. 프랑스 사람들은 먹는 데에만 하루 133분을 써요. 한국 사람들은 하루 79분으로 식사 시간이 짧은 편이고요. 멕시코 사람들은 하루 66분으로 가장 짧답니다.

샌드위치 혁명

야외에서든, 휴가 중이든, 일터에서든 언제 어디서나 간편하게 먹을 수 있는 음식이 있어요. 바로 샌드위치예요!

1762년 영국의 존 몬테규 샌드위치 백작은 카드 게임을 계속하고 싶어서 간단하게 끼니를 때울 만한 음식을 만들어 달라고 했어요. 그러자 요리사가 빵 두 조각 사이에 고기를 잘게 썰어 넣어 가져왔어요. 나이프나 포크를 사용하지 않고 한손으로도 손쉽게 먹을 수 있는 샌드위치가 탄생한 거예요.

혹시 그리스나 터키의 피타 빵* 요리를 보고 아이디어를 얻은 게 아닐까요? 다른 나라에도 샌드위치처럼 간편하게 먹을 수 있는 부리토*, 거빠오*, 팔라펠*이 있어요. 어떤 샌드위치에는 상어 고기와 파인애플을 넣기도 한답니다. 이처럼 각양각색의 재료들로 샌드위치를 만들어 먹어요.

피타 빵 밀가루를 발효시켜 만든 원형의 넓적한 빵.
부리토 토르티야(옥수숫가루나 밀가루를 반죽하여 구운 빵)에 콩과 고기를 얹어 소스를 발라 먹는 멕시코 요리.
거빠오 중국식 꽃빵에 고기와 땅콩가루, 고수 등을 넣어 먹는 요리.
팔라펠 병아리콩을 으깨어 빵과 함께 먹는 중동 요리.

요리도 하나의 예술

동물과는 다르게 요리는 인간만이 할 수 있는 일이랍니다. 맛있는 음식을 만들어 먹기 위해 시간과 공을 들여 정성껏 요리를 하지요.
20세기 초부터 요리는 하나의 예술로 인정받고 있답니다. 실력이 출중한 요리사들은 유명한 TV 스타가 되었고요.

하지만 음식 맛은 기호에 따라 달라질 수 있기 때문에 최고로 맛있는 요리라고 할지라도 어떤 사람에게는 거부감이 들 수 있어요. 상어 지느러미, 개구리, 달팽이 요리를 좋아하는 사람도 있고 전갈, 박쥐, 곰팡이가 핀 치즈를 좋아하는 사람도 있으니까요.

지나치거나 모자라거나

어떤 사람들은 음식이 부족해서 생존을 위협받고 있어요. 9명 중 1명은 굶주림에 시달리고 있지요. 아프리카나 일부 아시아 지역은 아직도 기아에 허덕이고 있어요.

반면, 몸에 해로울 정도로 너무 많이 먹어서 문제가 심각해지는 경우도 있답니다. 2016년부터는 과체중이나 비만으로 죽는 사람이 영양실조로 죽는 사람보다 많아졌어요. 실제로 성인 2명 중 1명은 과체중이거나 비만이지요. 그리고 이 숫자는 계속 증가하고 있답니다.

이제는 몸에 좋고 저렴한 음식을 잘 고르는 교육도 필요해졌어요. 미국에서는 절반 이상의 어린이들이 매일 탄산음료를 마셔서 사회적으로 큰 문제가 되기도 했지요. 그러자 각국에서는 설탕이 함유된 탄산음료에 세금을 부과하기 시작했어요. 설탕 섭취량을 줄여 비만을 예방하기 위해서지요. 실제로 노르웨이, 핀란드, 프랑스, 멕시코, 칠레, 태국, 영국, 필리핀 등은 설탕세를 부과하고 있어요.

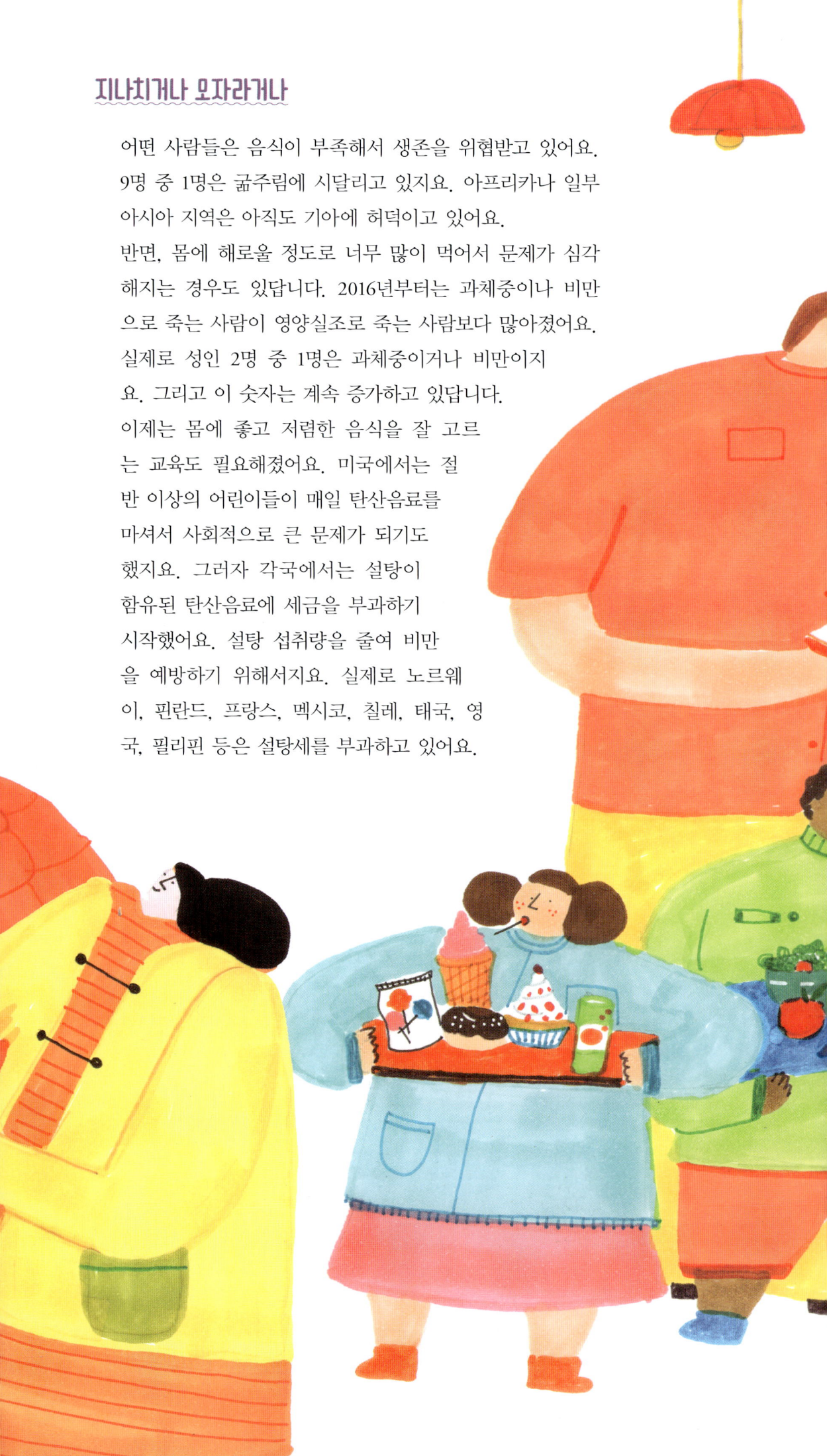

지구를 파괴하지 않고 인구를 먹여 살리려면?

지구상에는 75억 명 이상의 인구가 살고 있어요. 이 상태로 계속 인구가 증가한다면 지구는 망가질지도 몰라요. 지금부터라도 지구상에 존재하는 생명과 자연을 보호해야 한답니다.

환경에 악영향을 미치고 건강에 해로운 화학 비료나 농약을 쓰는 대신 자연 친화적인 방법으로 농사를 짓는 유기농법이 많이 개발되고 있지요.

물고기는 번식하는 데 꽤 오랜 시간이 걸려요. 그래서 고기잡이를 할 때 너무 많은 양을 한꺼번에 잡아들이면 물고기들이 다시 번식하기가 매우 어려워진답니다.

1킬로그램의 소고기를 만들기 위해서는 15,000리터의 물이 필요하답니다. 반면에 감자 1킬로그램을 재배하는 데에는 600리터의 물만으로도 충분하지요. 그런데도 절반 이상의 토지가 가축을 사육하는 데 사용되고 있어요. 기하급수적으로 증가하는 인구를 모두 먹여 살리려면 고기를 조금씩 덜 먹어야 하지 않을까요?

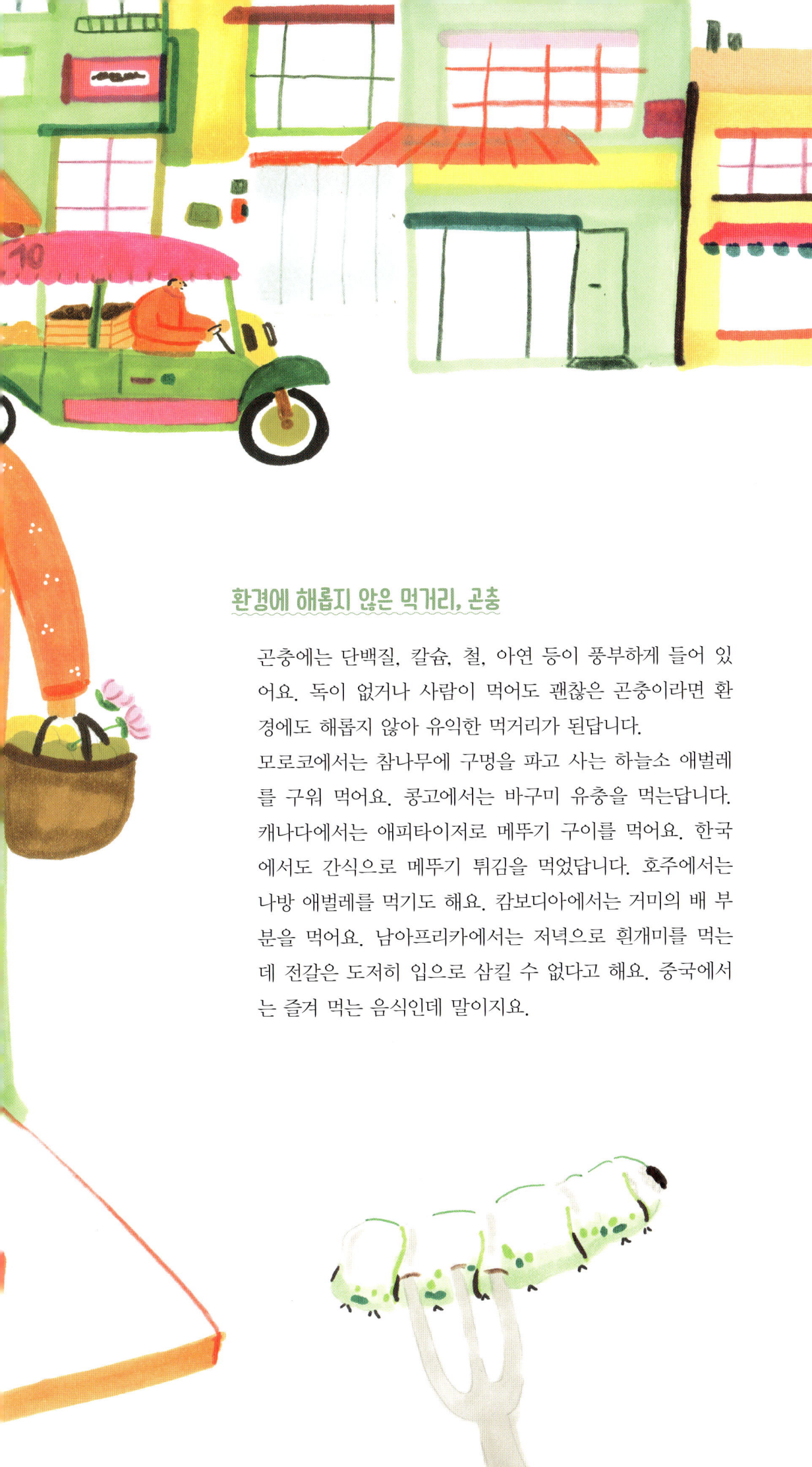

환경에 해롭지 않은 먹거리, 곤충

곤충에는 단백질, 칼슘, 철, 아연 등이 풍부하게 들어 있어요. 독이 없거나 사람이 먹어도 괜찮은 곤충이라면 환경에도 해롭지 않아 유익한 먹거리가 된답니다.

모로코에서는 참나무에 구멍을 파고 사는 하늘소 애벌레를 구워 먹어요. 콩고에서는 바구미 유충을 먹는답니다. 캐나다에서는 애피타이저로 메뚜기 구이를 먹어요. 한국에서도 간식으로 메뚜기 튀김을 먹었답니다. 호주에서는 나방 애벌레를 먹기도 해요. 캄보디아에서는 거미의 배 부분을 먹어요. 남아프리카에서는 저녁으로 흰개미를 먹는데 전갈은 도저히 입으로 삼킬 수 없다고 해요. 중국에서는 즐겨 먹는 음식인데 말이지요.

음식물 쓰레기가 해마다 13억 톤이라니!

전 세계에서 해마다 13억 톤의 음식물이 버려진다고 해요. 음식 생산량의 1/3에 해당하는 어마어마한 양이지요. 음식물 쓰레기는 각 가정, 식당, 산업 현장 등지에서 쏟아져 나와요.

유럽에서 해마다 버려지는 음식물은 2억 명의 사람들을 먹일 수 있는 양이지요. 그만큼 먹는 양보다 많은 음식이 만들어지다 보니, 결국 아까운 음식들이 쓰레기로 버려지는 악순환이 계속되는 거예요.

음식으로 모두가 잘 사는 세상

우리가 먹는 음식을 만드는 사람은 누구일까요? 그들은 가족을 잘 돌보고 있을까요? 남아메리카, 아프리카, 아시아 등지에서 음식을 만드는 사람들은 하루 종일 일을 해도 가난한 삶에서 벗어나기 힘들어요. 그래서 생산자들에게 조금이나마 경제적인 도움이 될 수 있도록 공정한 가격을 매겨 지불하는 일(공정 무역)은 꼭 필요하답니다.

음식과 과학 기술이 만나다

미래에는 상상할 수도 없는 요리가 등장할 거예요! 분자 요리는 재료의 기본 맛은 살리면서도 다양한 물리적, 화학적 방법으로 지금까지 볼 수 없었던 형태로 만들어져요. 머지않아 3D 프린터로 쿠키나 피자도 만들어 먹는 날이 올 거예요! 프린터에 잉크 대신 쿠키 반죽이나 피자 반죽을 넣어서 말이지요. 나사에서는 우주비행사들을 위해 식품 개발에 많은 투자를 했어요. 그 결과 미국 실리콘밸리에 위치한 회사가 '6분 안에 피자 한 판'을 만들어 낼 수 있는 3D 프린터를 개발해 시제품을 공개하기도 했답니다. 우리도 그런 날이 빨리 와서 맛있게 먹을 수 있기를!

함께, 즐겁게, 오래 먹기 위하여!

2050년에는 지구의 인구가 100억 명이 넘을 거라고 해요. 이렇게 많은 인구가 함께 먹고살려면 건강에도 신경 써야 하고, 지구를 지키기 위해 음식물 쓰레기도 절반으로 줄여야 가능한 일이에요. 그러기 위해서는 우리 모두가 적극적으로 나서야 해요. 그래야 음식을 서로 나누고 먹는 순간이 파티처럼 즐거울 수 있지 않을까요?